Lanzarote –
Land aus dem Feue

DA Verlag Das Andere

Oskar Koller · Aquarelle
Tias · Texte

Lanzarote –
Land aus dem Feuer

mit
Insel der Hoffnung
von Tias

Zweite unveränderte Auflage, 1993

Lanzarote – Land aus dem Feuer

Texte: Tias
Aquarelle: Oskar Koller

Gestaltung: Prof. Hans Fick

Redaktionelle Leitung: Lucyna Lodter
Redaktion: Barbara Lösel
Herstellung: Michael Nagler

Satz: Typo Tausend, Nürnberg
Litho: Buchholz Lithos, Nürnberg
Druck: W. Pfahler, Nürnberg

ISBN: 3-922619-14-2

Insel der Hoffnung

Wo sonst noch auf dem Planeten Erde winkt uns klares Erkennen des Wirkens von Jahrmilliarden? Wo sonst noch ist Erde jungfräulich und doch ausgezeichnet durch erregende Taten des einzigen Wesens unter unserem Firmament, das Vernunft planend und erhaben ansetzen kann bei Zerstörungen, die alles Maß überschreiten?

Wo sonst noch wuchs aus den Wellen eines Ozeans ein Eiland, das sich nicht selbst genügte, das sich vor einem Wimpernschlag der Zeit neu gestaltete? Schmerzvoll wie bei jeder Geburt, Magma ausstoßend aus dem Schoß der Erde, aus Vulkanen, umgedrehten Vulvas, nicht ruhend bis vollbracht das schreckliche, zeittötende Werk . . .

Was wohl würden wir wahrnehmen an einem dieser Schöpfungstage vor wenigen Jahrhunderten?

Land, unterworfen dem schwarzen Regen aus verbranntem Licht; Berggipfel mit roten Köpfen, Flüsse aus lebendem Feuer; Grün, aufglühend bei unzüchtigen Berührungen mit Zungen aus Lava: Oberfläche unseres Planeten vor Äonen…

Und wir erblicken Menschen, flüchtend vor dieser Hölle in Höhlen, steigend in zerbrechliche Boote, beobachtend das Begraben von Häusern, Kirchen und das Zerspringen von Glocken: Ein jeder nach den unterschiedlichen Veranlagungen der Geschlechter – dieses Netzes geflochten aus Vergangenem und Zukünftigem, aus Wagnis und Bewahrung, aus Zärtlichkeit und Angst vor Nähe.

Irgendwann dann Ruhe. Asche und Lava fleckig über den Feldern, Basaltklippen auf verödeten Quellen, Rauchsäulen am Horizont als Zeigefinger des Ungewissen…

Doch die Menschen kehrten zurück. Befragten den noch grollenden Boden. Weinten beim Versuch, unter warmen Schichten Räume wiederzufinden, die unvergessene Empfindungen bargen.

Und sie beluden sich mit jenem unerschöpflichen Eifer, der das Wort

Unmöglich vertilgt in den Sprachen der Not; sie errichteten Mauern mit Brocken aus der vergangenen Wut der Eingeweide ihrer Erde, zogen regenspeichernde Dächer unter den wieder erblauten Himmel…
O ihr wunderbaren Gehirne, die ihr die Kegelform der Vulkane umkehrtet und in menschlichen Dimensionen senktet in trostlose Äcker: der Sonne Bleibe, dem Wind Halt, dem Tau ein Bett bietend – in die Tiefen setzend Weinstöcke, tragend Jahr um Jahr die prallen Rundungen von Reben, reifend zu köstlichem Wein, vervollkommnet vom Geschmack unverdorbenen Landes.

Kreis an Kreis reihten sich bald die Kegel-Trichter als Modelle menschlicher Erfindungskraft und des Mutes zum Ungewöhnlichen. Experiment um Experiment schlug sich durch die Jahreszeiten der heißen Insel. Einöden blickten plötzlich mit grünen Augen. Wann erfand wer die Methode, Knollen zum schnellen Wachstum anzutreiben auf feuerentlassenen Feldern?

Die Mondlandschaften Lanzarotes veränderten sich. Ihren dunklen Gewändern schenkte menschliches Denken und Handeln den Schmuck frischer Farben. Weiße Wände verwandelten Häuser in Höfe aus Helle. Liebende entwendeten Blumen ihre Beschwerden und hefteten Blütengirlanden an zu einsame Architekturen. Und vor nicht langem gebar eine Inselfrau Manrique, den Bildner von Bauten in Formen des Lebens, bestimmt zum Beherbergen von Kulturen und Gästen.

Nun, wie vordem werfen heute die Fischer ihre Vierecke nach Nahrung aus. An den Stränden erinnern sich Sonnensuchende an Stunden naher Träume. Keine Kriegswagen versperren die gewundenen Wege durch Urlandschaften, dachlosen Untergrundbahnen, endend an den Füßen heißblütiger Vulkane. Schauspiel für Fremde: Grabe wenige Zentimeter in die Tiefe, werfe hinein ein Aststück, ein Blatt: züngelnd zeigt sich die uralte Brut. Mahnend zur Beachtung des anderen. Zeugnis der Kraft, aus der wir wurden in Milliarden.

Was eigentlich hindert uns, leibhaftig die Lehre Lanzarotes zu erfahren, die endlose Zuversicht, die Insel Hoffnung?

Dies ist die Zukunft des Menschen,
des Menschlichen:
Selbst die feindlichsten, unwirtlichsten Oberflächen entlegener
Planeten, lavabedeckt, werden wir
bewohnen, bildend zur Bewältigung von
Unmöglichem jene Gemeinschaft:

Gleich Lanzarote.

in manchen bergen dieser insel
vergißt sie sich zu verstecken
die glut
der erde
unaufhaltsam in langen äonen
gebildet aus tausendfältigem
ich
gewöhnt gewöhnliche züge
zu zeigen vor nachbarn
zögere beim anblick nackter
wärme

zunächst werden stets
zähe flechten grausame
kanten umschlingen
und die suche
nach dem ziel
fortsetzen …

nach meinung maßgebender
hatte der ausbruch dieses vulkans
nur eine geringe bedeutung betroffen
waren bloß ein paar kinder deren mütter
ziemlich laut klagten laut aktenlage
blieben schlimme folgen aus

auch aus ungeschliffenem
wächst vollendete
form

am meer

nein, dem sandstrand ist's egal
wieviele schwarze witwen nackte
sonnenanbeter beobachten –
das rauschen der wellen bewältigt
die laute der menschen und die klänge
des windes beim durchbrechen
des unbeweglichen

von diesen bäumen sagt man
habe der junge jesus geträumt
in der wüste gefüllt
mit fernen wünschen

O. Koller 91

warte schwarze
asche bald
werden frauen
männer drücken
in dich grüne
saat …

O. Koller 91

als das bild begann
warf rot nach der kante
kein glaube hinderte es
farbe zu wechseln bis weiß
den rahmen hergab
für tieferes

lange wartete der maler
unter dieser palme
auf das erscheinen von freunden
endlich
bannte er sie als schemen
in sein bild

auf dem rechten stein pflegt sich
ein vogel niederzulassen
zum betrachten der langsamen
veränderungen

steinerner bug auf dem weg
zum strand
hoffend auf ein besteigen
durch menschen: frei
der last
leblos zu sein

noch immer zischt die glut
wenn regen versucht
vordringen von grün zu unterstützen

wielange langweilen sich eigentlich
diese früher feurigen
steine vielleicht
solltest du mit einer fingerkuppe
sie berühren?

träume lassen sich bekanntlich
leicht erfüllen von liebenden
beim durchschreiten
von grenzen

aus einzelnem setzt sich zusammen
das vielfältige warten
wird belohnt von erinnerungen
an die flut des feuers
von einst

nachts
wenn alle rolläden geschlossen
verbündet sich das schwarze
gierig nach licht

frag nicht wo blumen sind
es wartet
die tausendfleckige höllische brut
auf das bersten des bodens
auf das flackern frischer glut
auf den ausbruch aus unbewältigten
bindungen

O. Koller 91

dies bild scheint mir
die beste nationalflagge zu geben
oben das licht
darunter das feuer
dann das ruhende
und endlich das
was uns ausmacht:
das lebendige

O. Koller 91

es mag ja sein daß die leute einmal
zeichen und wunder vergessen…

zwei polizisten erklärten mir die gebäude
seien nicht von manrique dem ehregebührenden
innen wohnten ganz gewöhnliche leute mit geliebten
eigenschaften wie freundliches schenken von schatten
am mittag wenn die sonne den hang ausbrenne –
die kleine leide seit kurzem an masern
ob diese krankheit auch bei uns gedeihe?
verschieden seien vielleicht nur die sprachen
eine neigung zu zärtlichkeit sei vermutlich
unentbehrliches erbe aller –

O. Koller 91

sag mir was im dunklen
weiß bewirkt vor dem fenster
meiner blicke wenn dein atem
nach dem zufall fragt

das blau?

vom
himmel

das grün?
von den
bäumen

das gelb?
das gold?
von der
sonne

das rot?
von den
rosen

das weiß?
vom
licht

das licht

von dir

sprechen · am tag · von der nacht
der geliebten · vom wein · in den köpfen
die bewegungen · und das schweigen
der blätter

die stimmen raunen
aus den räumen hinter der helle
im fenster die augenfarbe
die mich beunruhigt weißgott
wie

O. Koller 91

die alten paare
begleitet von enkeln
bevorzugen dieses tor
wegen der möglichkeit
kleine hände
mit blüten zu schmücken

wenn lavasteine leuchten
fragt man leicht nach gründen
und vergißt
daß sogar moderne metalle
sich erinnern
an wärme

das helle entscheidet …

O. Koller 91

der schwarze wolf streckt sich
noch ein letztes mal
bevor er wieder ansetzt
zum sprung ...

wohin führt unser kurs noch
unfertig das schiff das freie
meer am rand der wind
nistet im gerippe stählern
wird unser wille vollenden
den plan

O. Koller 84

gleich wird abfahren das blau
aus unseren augen
unbestimmtes
zurücklassend

merkwürdig manchmal
brauchen berge lange
bis sie sich erheben
aus der landschaft
in uns

Vulkan Landschaft

was auch treibt die erde
im spiel mit ihren geschöpfen:
hinter dem wall gefrorenen feuers
sonnen sich fröhliche trinken
blicke das blaue
meer küssen brüste braun
sich erinnernd an das spiel
mit dem feuer

Oskar Koller

1925
Geboren in Erlangen
1947–1950
Mal- und Zeichenfachschule Nürnberg
1951
Erste Studienreise nach Italien
1952
Studienreise nach Frankreich und Italien,
Aufenthalt in Paris
1954
Stipendium der Stadt Nürnberg
1954–1959
Studium an der Akademie
der Bildenden Künste, Nürnberg
1956
Förderpreis der Stadt Nürnberg
1957
Stipendium des DAAD Bonn für Paris

1959
Als freier Maler in Nürnberg tätig
1983
Kulturpreis der Stadt Erlangen;
Lehrauftrag an der Akademie der
Bildenden Künste, Nürnberg
1987
Internationaler Senefelder Preis, Offenbach

Reisen nach Marokko, Algerien, Ägypten, Israel, Syrien, Türkei, Indien, Nepal, USA, Japan, Taiwan, Griechenland, Lanzarote, Burma, Thailand, Yemen und Bali.

Bisher erschienen:

1975
Oskar Koller – Aquarelle und Zeichnungen,
Albrecht-Dürer-Gesellschaft, Galerie Defet, Institut für moderne Kunst, Nürnberg (Beiträge von Friedrich Hagen, Rudolf Jüdes, Gerhard Mammel, Wieland Schmied)

1982
Auf griechischen Inseln, Edition Popp, Würzburg (Einführung Juliane Roh)

1983
Die Marokkoreise des Malers Oskar Koller und des Fotografen Lajos Keresztes, Stürtz Verlag, Würzburg (Einführung Günther Wirth)

1984
Blumen, Edition Popp, Würzburg (Einführung Rudolf Riedler)

1985

Oskar Koller – Aquarelle und Zeichnungen 1975–1985, Katalog für die Ausstellungen in der Neuen Pinakothek, München und Kunstverein für die Rheinlande und Westfalen, Düsseldorf (Vorwort Erich Steingräber, Beiträge Karl-Heinz Hering und Axel Janeck)

1986

Welt der Gärten, Stürtz Verlag, Würzburg (Vorwort Walter Fenn)

1990

Druckgrafisches Werk 1. Teil 1950–1971, BW Verlag, Nürnberg und Städtische Galerie Erlangen (Text: Lisa Puyklat und Wieland Schmied)

1991

Herbst auf den Kykladen, DA Verlag Das Andere, Nürnberg (Text Gerhard Bott)

Tias

Sein erster Lebensabschnitt:
Geboren 1926 in einem Vorort von Trier, einer Stadt, in der römische Kaiser, katholische Bischöfe und preußische „Präsidenten“ residierten. Überall lebte für den jungen Tias steinerne Vergangenheit in seine Gegenwart. Folgerung: Wir sind entwickeltes Gestern.

„Tias?“ So wird er von Freunden gerufen.

Der zweite Lebensabschnitt:
Beratung von Menschen, die Arbeit und Beruf suchten, Beseitigung konkreter Not. Schaffung von Arbeitsplätzen. Und immer wieder: Auch die Welt hinter den Sternen gehört zu uns.

Sein dritter Lebensabschnitt:
Unzählige Analysen von Bildung, Beruf, Beschäftigung. Erkenntnis: Leben wird durch ungenügende Informationen beeinträchtigt. Schuf heute maßgebende bildungs- und berufskundliche Informationssysteme. Tias bleibt stets im Hintergrund. Grundsatz: Nicht wer, sondern was ist entscheidend.

Der vierte Lebensabschnitt:
Engagement in der Entwicklungshilfe. Das Wort „Hilfe“ lehnt er ab: Chance menschlich zu wirken – dafür müsse man danken.

Bisher erschienen:

wer die nacht sucht muß sterne in kauf nehmen – Tias 1,
1990

träume haben uns zum gegenstand – Tias 2,
1990

die farbe des himmels über uns verändert die erde – Tias 3,
1990

Zeugnis der Zeit, 1991

Fenster, 1991

Maremoto – Beben des Meeres,
Autor: Pablo Neruda, deutsche Nachdichtung: Tias, 1991

Lanzarote – Land aus dem Feuer,
Aquarelle: Oskar Koller, Texte: Tias, 1992

Das Andere in der Forschung,
Autor: Dieter Mertens, Herausgeber: Tias, 1992

Leben in Liedern – Meistertexte aus Indien und Bangladesch,
Herausgeber: A. Dasgupta und Tias; mit
Eine Tür öffnet sich, weit... von Tias, 1992

Nosotros,
Autor: Tias, Nachdichtung in Spanisch:
Raúl Zurita, Santiago de Chile 1991

EMAN-KI EKPHONTA JANALA,
Autor: Tias, Nachdichtung in Bengali:
Alokeranjan Dasgupta, Kalkutta, Indien 1991

Tias 1, Tias 2, Tias 3,
Autor: Tias, Herausgeber: Andrej Voznesenskij, Moskau 1991

Ferner:
Veröffentlichungen, Nachschlagewerke, Informationssysteme in den Bereichen Ausbildung, Weiterbildung, Beruf.

Texte

Seite

Bilder

Texte

Seite

Bilder

Seite		
54/55	Zyklopensteine, 1991, 28x38 cm	Aquarell
58/59	Felsen am Meer, 1991, 28x38 cm	Aquarell
62/63	Dunkler Horizont, 1991, 28x38 cm	Aquarell mit Kreide
66/67	Blöcke im Sand, 1991, 28x38 cm	Aquarell
71	Kleines Tor, 1991, 38x28 cm	Aquarell
74/75	Lavageröll, 1984, 28x38 cm	Aquarell
78/79	Dämmerung, Lanzarote, 1991, 28x38 cm	Aquarell
82/83	Hügelkette, 1991, 34x49 cm	Aquarell mit Kreide
87	Rotes Gestein, 1991, 33x27 cm	Aquarell

Texte

Seite

Bilder

Seite

90/91	Feuerberg, 1991, 28x38 cm	Aquarell
94/95	Palme und Steine, 1991, 28x38 cm	Aquarell
98/99	Gehöft, Lanzarote, 1991, 28x38 cm	Aquarell
102/103	Haus vor dunklem Berg, 1984/85, 28x38 cm	Aquarell
106/107	Blüten über Mauer, 1991, 28x38 cm	Aquarell mit Kreide
110/111	Unterm Baum, 1991, 28x38 cm	Aquarell
114/115	Haus, Lanzarote, 1991, 28x38 cm	Aquarell
119	Bougainvillea, 1991, 38x28 cm	Aquarell

Texte

Seite

Bilder

Seite